Lebensspuren

Gedichte
   gereimt
       und
         ungereimt

Margot Weinand

Impressum

© 2021
Herstellung und Verlag: BoD – Books on Demand, Norderstedt
ISBN: 978-3-7526-6733-2

Inhaltsverzeichnis

Vorwort

Unsere schnell lebende Zeit verlangt nach Pausen. Gedichte helfen inne zu halten und sie mit Phantasie zu füllen. Diese Gedichte sind eine Zusammenfassung erlebter Gedanken und Begegnungen, aus der Vergangenheit und Gegenwart.
Schreibe über unsere Natur auch über Nettigkeiten am Rande. Mein Motto: „Gedichte für alle Momente des Lebens.".
Sie werden beim Lesen mein Motto erkennen. Wünsche Ihnen dabei die Freude, die ich auch beim Schreiben hatte.

Ihre
Margot Weinand

Leben

Leben hat viele Gesichter
Leben hat viele Fragen
Leben heißt Neugier
Leben verlangt Mut
Leben hat manchmal eine Antwort

Augen suchten Liebe

Ihre Augen strahlten
Verstand einst die Liebe nicht
trotz Sonne in ihr ist die Nacht.
Die Liebe hat sie nie erreicht
Doch als sie hat Glück erfahren
in ihr ist es hell in ihr das Licht.

Blühende Luft

Leise weht der Wind
blühende Luft und Sonnenstrahlen
zu den Blüten im Garten
Blüten wachsen in Richtung Sonne

Spuren

Spuren im Sand, die der Wind verweht
Spuren vom Schreiben, die sich ins
Herz graben.
Spuren von Noten, finden zur Melodie
Spuren der Liebe, die mich mit
Sehnsucht umgibt.
Spuren des Lebens, allumfassend.

Geburtstag

Mein liebes Kind es ist doch wahr
Vergangen ist wieder ein Jahr
Das Neue soll dir Gutes bringen.
Ich wünsche dir von Herzen.
Viel Gesundheit und keine Schmerzen.
Viel Freude und frohen Mut,
damit das nächste Jahr, wird gut.

Naturkultur

Knorrige Kopfweiden
Längst einem Bachverlauf
Feuchtigkeitsliebende Bäume
Verschlagen in einer Wasserader
sie schaffen Hohlräume
in Stamm und Wurzel.
In denen Kleintiere Schutz suchen.
Freier Wald, Flussniederungen
Am Niederrhein.

Naturaussicht

In der Nähe Vögel zwitschern.
Um ihr Gelände abzusichern.
Es soll im Einklang ihrer Herzen.
Ihre Freude dann zu scherzen.

Dir zur Liebe

Wünsche dir eine schöne Zeit.
Dass alles weiterhin so bleibt.
Gottes Segen, dich immer geleite.
Gesunde Tage dich begleiten.

Dass Du über das ganze Jahr,
Freude an allem fern und nah.
an Allem auch über Jahresfrist.
herzlicher Liebe bleib wie du bist.

Es ist so

Die Zeit, die wir noch verbleiben
Wollen wir gewohnt verweilen
erwarten die Zukunft mit Mut
die letzten Jahre, war das oft gut.

Wir wollen wieder planen.
Zu denken, wie in früheren Jahren.
Gott nahe sein, bedeutet Glück
Von Kostbarkeiten nicht erdrückt

Freuden auf Wanderwegen

Der Winter ist vorbei.
Raps blüht am Straßenrand.
Kein Feld in der Nähe.
Samen wird vom Wind her geweht.

Am Straßenrand verblüht.
Sucht der Samen seine Erde.
Die Frühlingssonne bringt
Das Wunder an den Tag.

Weißer Holunder

Lasst uns hier rasten Unter dem
Holunder
Habe Margerite gepflückt in den
Wiesen
Kornblumen und roten Mohn am
Wegrand.
Deine Hände duften grün nach den
Gräsern.
Dein Mund schmeckt nach den weißen
Holunderblüten.

Weite Reisen

Denke an weite Reisen
Mit vielen guten Menschen
Blumen in herrlichen Farben
Von einer bunten Welt

Die sich mir neu erschließt
Von deiner Liebe zu mir
Werde wach schade
Denn mein Bett steht zu Hause

Macht des Winters

Allein das Schneeglöckchen blüht
in seinem Beet.
Sturm, Regen und Schnee, hoch am
Himmel steht.
Trotzdem die Zeichen stehen alle auf
Blühen.

Die Winterspuren, sie wollen das
verhüten.
Alles aus dem Kalender wissen ist
nicht schwer.
Doch die Macht des Winters, sie gilt
einfach nicht mehr,

WER

Wer gibt mir Kraft
Wer gibt mir Mut?
Ja zu sagen, zu meiner Wut?

Wintermorgen

Tag erwacht mit neuem Leben
Nebel will den Schleier heben
Mondlicht das Fenster nicht erreicht
Dämmerung am Tag nicht weicht.

Nachts wurde Schnee gestreut
Kahle Winterbäume sind jetzt weiß,
als seien sie mit Zucker bestäubt
Schnee wirkt wie Watte so weich.

Flocken fallen tanzend im Wind.
Ein Vogel findet den Futterring.
In kalter Luft, der Atem dampft.
Zart wirkt das, was der Vogel sang

Ruhe zum Wachsen in der Natur.
Winterschlaf schenkt Freude pur.
Noch einige Wochen,
bis die Frühlingsblüte offen.

Die Natur scheint zu schlafen

Das Wetter ist kalt
Der Boden ist hart
Eiskristalle glänzen
Bäume sind alt

Blüten sind zart
In der Sonne ausgehen
Durch den Sonnenschein
Im Licht der Sonne

Alles im Winter
Das Wetter ist kalt
Der Boden ist hart
Die Straßen sind glatt

Die Scheiben sind matt
Die Landschaft in Pracht
Verliert in der Nacht
Alter Falter Gestalter

Schwarzer Rabe auf dem Balkon

Den schwarzen Raben auf dem Balkon
Habe ich immer im Blick schon.
Er schaut hinunter und regt sich nicht
Ob im Schnee möcht Schritt vor Schritt

Durch den weißen Schnee tapsen
Vom Schnee nur träumen, das tut weh.
Auch er will warten auf das Jahr,
vielleicht ist der weiße Schnee dann da

Sonne geht auf

Gleich nach der Morgendämmerung,
der Mond verblasst
der Sonnenaufgang beginnt
Efeuranke wählt seinen Lauf

An knöchernen Ästen
dunkler Herbst macht Platz für Schnee
Frühling wird grüßen dann mit Klee

Vorwinterzeit

Grauer Himmel am Novembermorgen
Der Blätterlose Baum am Straßenrand
Krähe streckt sich aus im Flügelschlag
merkwürdiger Ruf aus dem Schnabel

Asphalt Pfützen bläst der Wind Regen
Hin und wieder Autos in eine Richtung
mir ist als wenn ich weit geflogen wäre
durch Himmelszelte und noch mehr

Beim frühen Morgenanbruch fliegen
aus dem Stock ein Drittel der
Sammelbienen
Um mit Nektar aus Blüten dem Stock
zu dienen.

Frühjahr und Sommer

In der Zeit vom Frühling zum Sommer
Werden die fleißigen Bienen kommen
Eine Zeit vor der kurzen Dämmerung.

Wieder Mal

Wieder Mal hat jemand dran gedacht
Was haben wir wieder mal gemacht?
Jeder hat sein Leben bunt gestaltet,
wie es denn kam, oder nicht kam.

Jeder sah auf sein eigenes Alter,
wie es sei, gut oder schlecht.
Würde sich gern treffen dann wo
wann wäre das denn jedem recht.

Wir sind alle in der Heimat geblieben
Dann könnt man es schaffen,
wie es belieben.
braucht nicht große Wege zu fahren.

Einfach

Einfach wegschauen
doch es wird gesehen

einfach weinen
doch es ändert nichts

einfach schreien
doch es hört keiner

einfach vergessen
doch es bleibt die Erinnerung

es ist alles hoffnungslos
doch das Leben kämpft

Büroalltag

Ich sehe Zahlen immer mehr Zahlen
ein Meer von Zahlen und mehr Fragen
die Zahlen passen nicht und dennoch
sie müssen stimmen immer und doch

vergleichen Listen, Zahlen, Summen.
Solange immer, bis Köpfe brummen.
Sie ließen sich auseinanderziehen
dann auch wieder zusammenbiegen

lassen sich ändern Komma u. Punkt
so dass die Summe wieder ist rund.
Wo stecken Fehler suche dann weiter
finde Zahlen eine Pause zur Leiter

Sie ist jetzt schon angebracht
alles liegen brauche Pause über Nacht
Zahlen stimmen im Soll und Haben
Pause war toll, lohnt sich kein graben.

Tränendes Herz

Spüre Tränen nicht aus den Augen
spüre mein Herz weint
mein Versuch zu Lächeln es klappt
nicht habe es hingegeben.

Schlaflose Nacht

Hört den Regen vom Mansardendach
in die Dachrinne plätschern.
Will die Tropfen zählen es gelingt nie.
Hört die Uhr jede Stunde schlagen,
am Himmel helle Streifen.
Der Morgen hat den Schlaf eingeholt

Hoher Baum

Von der Brücke sah ich den Baum
groß und stolz bewegte sich kaum
später sah ich ihn dann nicht mehr
denn ein Blitz hatte ihn begehrt
niemals wächst etwas zum Himmel

Schöpfung eines Gedichtes

Gedanken schreiben sich in mich
hinein.
Lehne mich zurück, lausche den
Worten bis zum Ende.

Himmel auf Erden

Im Miteinander liegt die Fruchtbarkeit
der Himmel macht die Herzen weit
einer für den anderen lebt und liebt
hilft der Himmel dem irdischen Betrieb

Leben das liebt

Es sind Träume, die uns tragen
Hoffnung lässt uns Neues wagen
es ist das Leben das uns liebt
und uns Freude täglich gibt

Greifende Hände

Greifst du mit der Hand nach den
Sternen bleibt sie leer.
reichst du die Hand zur Versöhnung
erlebst du die Freude des Augenblicks.

Leiter zum Himmel

Reden statt schweigen Wörter bereiten
Am Abend ich glaube in rötlichen
Wolken den Abend vergolden.

Marienkäfer

In die Teerose silberne Tautropfen
verwischen vergessene Träume

wünsche mir einen Rosenblätterweg
lass mich von Dornen nicht aufhalten

gehe den Weg des Marienkäfers,
zum Mittelpunkt des Lebens

März

Die Natur blüht auf wie jedes Jahr
erinnere mich wie es Frühling war

junges Grün der Birke grüßte die Luft
an Abschiedsbrief mit letztem Kuss

Meine Gedanken sind bei dir

An dein Lachen das mich ansteckt
deine Augen zeigen du vertraust
deine Hände halten mich
wie ein milder Sommerwind

Fange Sonnenstrahlen
möchte sie dir zuwerfen
ohne dich ist alles so leer
mir fehlt deine Zärtlichkeit

nie erreicht uns Gleichgültigkeit
bleibe bei dir für alle Ewigkeit

Mücken

Immer fliegen sie suchen neues Blut
tanzen einen Sommer im nächsten
Sommer kommt der Nachwuchs

Musik

Leise trifft meine Seele die Musik
im Einklang meines Herzens.
Flügel
tragen mich in himmlische Höhen.

Pappel

Schatten blühen ihre Arme greifen ins
Wasser Blätter färben die Jahreszeit
bunte Boote und Eisbrecher sehen wie
sich Bilder reihen sie aber wächst

Rostig

das Herbstblatt wehrlos fällt es
auf das feuchte Gras Humus.

Schmetterlinge

Rausch von Gefühlen wirbelnde
Gedanken
es ist mit ihnen wie es ist im Leben
von vierundzwanzig Stunden,
das sei gewiss im Mai

Neuer Tag

Tau auf der Wiese Streifen am Himmel
Durchbruch dunkler Wolken
Vorboten der Sonne
Sie läuft mit nackten Füssen

auf weichem Rasen
zart grüßt der neue Tag

Schlafe

Lege mich still zur Ruh
Und mache die Augen zu

verschlafe den Übergang
erlebe den Tagesanfang

gestern und morgen
schon, kommen die Sorgen

Der Tag beginnt
an dem ich Frieden find

lege mich still zur Ruh
und schlage mein Buch zu.

Einfach vergessen

Oft vergessen doch nicht einfach
Stunden die schwer und vielfach

freu mich an der Gegenwart
die für mich jetzt schön gedacht

Erst wenn es wieder so weit
statt Freude ich Tränen geweint

ich kann und will es nicht glauben
lass mir die Freude nicht rauben

Einen Tag lang

Sonne glühend rot und schwer.
Wind wehte immer hin und her.

Blütenzauber Duft in der Nacht
sie geht nach Hause ohne Hast.

Mit dem Schlaf klappt es nicht gleich,
Duft durchs Fenster sie erreicht

Neuer Tag mit Tatendrang,
schreibt mit Freude stundenlang.

Gedanken sind nicht leicht zu pressen,
Gedichte darum angemessen.

Eingezogen

Du bist eingezogen
in meinen Gedanken
zunächst klein jetzt denke ich wie du.

Einkaufsbummel

Einkaufsbummel sie sah ihn mit ihr
der Boden tat sich auf
die Liebe war mächtiger als je gedacht.

Eisbrecher

Schneeglöckchen läuten Frühling ein
Sonnenstrahlen brechen langsam
des Eises starke Macht.
Die Wärme gibt sich selber auf.
Ungemütlich dann die Kälte drauf.

Auf dem Nachttisch

Buch mit Papier will Träume festhalten
will Träume deuten
in schweiß gebadet wache ich auf,
wünsche den Traum nicht zu
vergessen
es ist tiefe Nacht. Das Buch fällt zu,
und meine Augen auch.

Opas Brille

Vor den Blumen liegt Opas Brille
was haben diese Gläser schon alles
gesehen?

Es lohnt sich ganz bestimmt möchte
Bilder finden, sie zum Buch

Atem der Welt

Sah den Atem dieser Welt habe oft
darüber nachgedacht
doch nichts gesagt, weil Schweigen
besser ist.

Freiheit

Gefangen durch ihn
gebunden an sie
ihre Freiheit vorbei gebunden in Liebe

Früchte

Wer der Knospe Kraft verprasst,
kann keine Früchte tragen.
Wo Treue und Freude stets erbracht
wird geehrt das menschliche Band.

Gefühle

Fliehe deine Gefühle werden dich
einholen
schau ihnen ins Gesicht leise
sie gehören zu dir wirst
umdenken Gefühle lieben,
weil sie ein Teil von dir.

Andenken

Aus der Muschel in meiner Hand
Geräusche, die ich nicht gekannt
spüre ich das Meeresrauschen
weil ich wollt dem gerne lauschen
Urlaub der Erinnerungen
Ist für heute mir gelungen

Mein Hirte

Mein guter Hirte weiß um die Nacht
sucht zum Lagern in Ruh einen Platz
er hat mich ins stille Lager gebracht
dort fand ich Ruhe leise und sacht

Arbeit

Nach getaner Arbeit kann ich nicht
ruhen
immer bleibt etwas anderes zu tun
suche Ruhe und Kraft zu finden
von allem was drückt zu entbinden.

Asternblüte

Spät die Zeit in voller Blüte
alles blieb in der besten Güte
zwischen rot, grün und gelb
färbt der Herbst das weite Feld

Abschied dann in kleinen Runden
von allen langen Sonnenstunden.

Ballonfahrt

Sie hatten sich den Wunsch erfüllt
wo heiße Luft wird abgekühlt.
Wiesen und Felder vom Niederrhein,
Zelte in Gruppen und auch allein.
Auch die Pappeln mit ihren Zweigen,
berühren Wasser und auch Steine
Wälder säumten Orte und Straßen
blauer Himmel über die Massen.

Auch nichts vom Lärm und Staub
der Erde,
auf großer Koppel dann auch Pferde.
Staunend erlebten sie die Stille dann
auch, wenn unten Menschen grillen

Atemlos

Atemlos läuft der Gedanke
freut sich und sagt herzlich danke
sie sucht Schutz in seinen Armen
fand darin nur ein Erbarmen

Auf dem Bahnsteig

Er, langsam läuft neben dem
anfahrenden Zug
Sie wirft mit Tränen ihm eine Rose zu
Er küsst die Rose und putzt über sein
Gesicht.
Ohne sie ein Fremder in der Stadt die
er einst geliebt.
Er will ihr folgen denn Nichts war ihnen
fremd.
Will nicht bleiben, da wo ohne sie ihn
niemand kennt.

Eiszeit

Wenn deine Liebe mir nichts bedeutet
dein Lächeln mir nicht gilt
deine Hände mich nicht berühren
dein Blick erfroren,
dann beginnt für mich die Eiszeit

Stiller Ausklang

Schwertlinien blühten
im Garten ihrer Kindheit
mit nackten Füssen
auf brauner Erde
stand sie und sah in die Blüten

später spazierte sie
im Sommer zu den
Schwertlinien in den Vorgärten
wie gerne wäre sie
barfuß durch die Gärten gegangen

heute hat sie ein Blumenbeet
Schwertlilien blühen
sie geht mit nackten Füssen
über die braune Erde
stiller Ausklang

Das Korn in die Erde

Das Korn, das in die Erde fällt.
Löst sich langsam völlig auf.
Der Regen dann die Erde tränkt.
So wird ein kleines Pflänzlein draus

Sucht Fantasie

Sie sucht allein die Fantasie
wenn sie nachts in Träume flieht
fürchtet keine Dunkelheit
weiß sich in Geborgenheit

Fantasie Baustein der Liebe
Wünscht, dass es noch bliebe
vergisst kalte Herzensferne
genießt umgebene Wärme

Purzelbäume

Möchte Purzelbäume schlagen
in Richtung Himmel, um vieles zu
sehen
schaffe es nicht kann mich nicht
bücken

Lied der Liebe

Kennst du das Lied das man Liebe
nennt,
es lacht das Leben möchte dich auf
Rosarote Rosen betten.
Höre eine Melodie längst vergangener
Zeiten kenne den Text nicht mehr
das Herz singt mit.

Vera

Wir kannten uns nur ein Jahr
waren fast Kollegen, in unterschiedlichen Abteilungen
achtzehnjährig zogen wir nach
Feierabend um die Häuser,
saugten die Freude über
belanglose Dinge auf.
Zeit, wie vom Wind" verweht,
dennoch viel zu schnell verging.

Beide voll von jener Lebendigkeit,
die sich nicht gehen lässt, sondern
aufbaut, das was ihr zu eigen ist.

Einmal die Stimme, die Augen
die Schrift, alles ist bis heute
das Gleiche.
Vergesse nie Deine Blitzenden Blicke,
bei humorvollen Gelegenheiten und
Dein ansteckendes Lachen.
Ein Temperament,

Das Innerste nach außen zu tragen
Sorge um unsere Arbeit kannten wir
auch, sie hat uns nicht zerrissen.
Unser Wille war Gold wert.

Freundschaft wie wir sie leben,
kann nicht gebaut, nicht eingeübt
werden, sie muss wachsen.
Schwierigkeiten konnten uns nicht
aufhalten.
nein oder doch
Auf unseren getrennten Wegen
durften wir wachsen,

in unterschiedlichen Erkenntnissen
hin und wieder erreichte mich ein
Blumenstrauß, verbunden mit der
Energie deiner Liebe.
Wir haben uns jene Naivität bewahrt,
die einer Freundschaft zu eigen ist.
Vielleicht hatte Peter Maffy ähnliche
Gedanken

„Ich wollte nie erwachsen werden,
tief in mir, bin ich ein Kind geblieben"
Vielleicht ist es das: Der Moment der
Freundschaft kann Menschen
verzaubern.
Wird die Erinnerung blasser, noch ist
sie ein Teil von uns. Hatte das, was wir
gelebt
und geglaubt haben einen Sinn?
Einmal wirst du nichtmehr achtzehn
sondern achtzig sein. Erkenne den
Sinn.
Vera
Keiner lacht und denkt wie du, eine
Bemerkung in dem Lied zu meinem
achtzigsten Geburtstag.

Du wolltest ein Gedicht. Wir haben es
gelebt in einer jahrelangen
Freundschaft.
Deine Margot 20.8.2013

Vita

Margot Weinand 1933 in Essen geboren.
1939 Einschulung in die Volksschule
1947 Erfüllung der Schulpflicht
1947 soziales Pflichtjahr
1948 kaufmännische Lehre
1951 Abschluss Kaufmannsgehilfenbrief
Beginn Berufstätigkeit und Weiterbildung Handelsschule Steno und Schreibmaschine.
1958 Selbständigkeit Schreib-Spielwaren und Schulbedarf.
1965 Heirat
1970 Berufsbegleitende Ausbildung
1973 Berufung in die Jugendhilfe.
1998 in den Ruhestand
Schreiben von Gedichten und seitdem Mitglied des Autorenkreises

Bereits erschienen

Bereits veröffentlicht
Gedichtbände BoD Verlag
Alles hat seine Zeit
Gelebter Glaube
Höre den Frühling
Zeitwert
Unser Sommer
Wünsche mir Zeit
Lebensfreude

Kurzbiographie 2009
Eine Heimleiterin erzählt
Autobiographie 2018
Stöbern im Schatz meiner
Erinnerungen